十三届全国人大二次会议《政府工作报告》学习辅导

大力优化营商环境

乔尚奎 著

中国言实出版社

图书在版编目（CIP）数据

大力优化营商环境 / 乔尚奎著 . -- 北京：中国言实出版社，
2019.3

ISBN 978-7-5171-3105-2

Ⅰ . ①大… Ⅱ . ①乔… Ⅲ . ①投资环境—研究—中国Ⅳ .
① F832.48

中国版本图书馆 CIP 数据核字（2019）第 054520 号

出 版 人：王昕朋
总 监 制：朱艳华
责任编辑：宫媛媛

出版发行 **中国言实出版社**
　　　　地　址：北京市朝阳区北苑路 180 号加利大厦 5 号楼 105 室
　　　　邮　编：100101
　　　　编辑部：北京市海淀区北太平庄路甲 1 号
　　　　邮　编：100088
　　　　电　话：64924853（总编室）　64924716（发行部）
　　　　网　址：www.zgyscbs.cn
　　　　E-mail：zgyscbs@263.net
经　　销　新华书店
印　　刷　北京温林源印刷有限公司
版　　次　2019 年 3 月第 1 版　　2019 年 3 月第 1 次印刷
规　　格　850 毫米 ×1168 毫米　1/32　0.625 印张
字　　数　8 千字
定　　价　6.00 元　　ISBN 978-7-5171-3105-2

大力优化营商环境

优化营商环境就是解放生产力、提高竞争力。李克强总理在十三届全国人大二次会议上所作的《政府工作报告》中把"激发市场主体活力，着力优化营商环境"作为 2019 年的重要任务，作出了具体部署。我们要深入学习领会，全面贯彻落实。

一、大力优化营商环境，十分重要而紧迫

加快打造良好的营商环境，无论对促进我国经济转型升级、推动高质量发展，还是应对当前风险挑战、顶住经济下行压力，都具有重大意义。

（一）大力优化营商环境，是推动高质量发展的重要基础。当前，我国经济已由高速增长阶段转向高质量发展阶段。推动经济高质量发展，不仅需要持续改善基础设施等"硬环境"，更需要在优化营商环境等"软环境"上实现新的突破。良好的营商环境，有利于吸引各类发展要素的集聚，促进经

济从传统的成本优势向以品牌、资本、技术、服务、人才为核心的综合竞争优势转变，进而对经济增长、产业发展、财税收入、社会就业等产生重要影响。改革开放四十多年来，我国经济社会发展的"人口红利""政策红利"逐渐弱化，未来经济社会发展将主要依靠"人才红利""创新红利"来驱动。只有进一步破除各种束缚创新发展活力的桎梏，让亿万群众的聪明才智得到充分发挥，才能使我国经济走上依靠创新提质增效的发展路子。在这一大背景下，营造公平高效、诚实守信、民主法治、稳定有序和可预期的营商环境，已成为推动经济高质量发展的必然选择。

（二）大力优化营商环境，是激发市场主体活力、顶住经济下行压力的关键举措。当前，我国经济面临近年少有的复杂严峻形势，经济下行压力加大。要顶住经济下行压力，就必须在更大程度上激发市场主体活力。目前我国市场主体数量已达1.1亿多户、其中企业3470多万户，每天还有超过1.8万户新企业诞生，我国经济的韧性和潜力在很大程度上正来源于此。要让市场主体更加活跃、茁壮成长，政府必须创造良好的发展环境。目前看，政府仍然管了许多不该管也管不好的事，市场主体成长发展仍面临不少繁苛束缚。在一些地方和领域，行政权力还在干扰公平竞争，制约了消费潜力的释放；过多过繁的行政审批和准入门槛，限制了有效投资的扩大。必须加大改革力度，使市场在资源配置中起决定性作用，把市场能干的交给市场，不断扩大企业生产经营和投资自主权、增加群众创新创业和消费选择权，同时更好发挥政府作用，专注于制定规则、优化环境。只有这样，才能真正把市场主体的积极性调动起来、能动性发挥出来，促进经济持续健康发展。

（三）大力优化营商环境，是面向全球打造我国竞争新优势的内在要求。当前全球经济贸易格局正在发生深刻变化，国际竞争日趋激烈，这在很大程度上是营商环境的竞争。中国经济已深度融入世界经济，要在国际竞争中赢得优势，就必须在优化营商环境上取得更大进步。中国不仅要吸引外资，也要留住内资，人才往哪走、资金往哪流、项目在哪建，说到底取决于哪里的机会多、障碍少、效率高、服务好，这要靠实实在在的营商环境来比拼。只有加快打通开放发展中的各种"痛点""堵点"，进一步提升我国营商环境整体水平，才能打造全球竞争新优势。

（四）大力优化营商环境，是对标世界先进水平迎头追赶的紧迫任务。近年来，党中央、国务院采取简政减税减费等一系列举措，降低制度性交易成本和企业生产经营成本，优化营商环境取得了显著成效。2018年世界银行发布的《全球营商环境报告》显示，我国营商环境在全球190个经济体中排在第46位，比2017年上升了32个位次，比2013年大幅提升了50个位次。特别是"获得电力"指标从2017年的第98位跃升到2018年的第14位，"开办企业"指标从第93位跃升至第28位。世行认为中国是营商环境改善幅度最大的经济体之一，部分改革成果已接近全球最佳水平。但同时要清醒看到，目前这个46位的排名，与企业和群众的期待还有不小差距，一些指标全球排名仍在100名以后，与我国作为世界第二大经济体的地位还很不相称。特别是，当前世界主要经济体在优化营商环境方面你追我赶、竞相角逐，不仅发达经济体国家高度重视改善营商环境，新兴经济体国家甚至一些中低收入国家排名也上升很快。印度2017年在世行报告排名中大幅跃升了30位（至第100位），2018年又继续前进了23位（至第77位）。俄罗斯排名从2012年的第 120 位上升到 2018 年的第 31 位，下一步目标是要挺进前 20 位。面对日益激烈的国际竞争，必须对标先进找差距、奋起直追补短板，加快把我国营商环境提升到新的水平。

二、更大力度向市场放权，为市场主体兴业发展破障解绊

市场配置资源是最有效率的形式。政府要坚决把不该管的事项交给市场，最大限度减少对市场资源的直接配置，最大限度减少对市场活动的直接干预。要推动审批事项应减尽减，对确需审批的事项要简化流程和环节，让企业多用时间跑市场、少费功夫跑审批，使企业投资兴业更加便利。

（一）进一步扩大市场准入。2018 年，内外资统一的市场准入负面清单制度全面实行，其中禁止和许可类事项比试点版缩减了约 54%。下一步要继续完善负面清单制度，进一步缩减清单事项，推动"非禁即入"普遍落实，让各类市场主体可以自由进入更多行业、领域和业务。建立清单动态调整机制和全国统一的清单代码体系，健全清单信息公开机制，清单以外不得设置准入审批事项，各地区、各部门不得自行发布市场准入性质的负面清单，确保实现"全国一张清单"管理。

（二）进一步精简行政许可事项。虽然近年来审批事项大幅精简，但目前中央层面设定的行政许可事项还有 1328 项，其中国务院部门实施的有 642 项、中央指定地方实施的有 686 项，简政放权任务仍然很重。对现有行政许可事项，要进行全面清理论证，能取消的要尽快取消，直接放权给市场，2019 年再推出一批含金量较大的取消下放事项。同时，要修订并公布新的行政许可事项清单，坚决清理以备案、登记、注册、目录、年检、监制、认定等形式变相设置的审批，清理和规范行政强制、行政征收、行政确认、行政备案、行政检查等其他权力事项。进一步改革工业产品生产许可证制度。2019 年要将工业产品生产许可证种类再压减 40% 以上，对保留的目录内产品简化审核程序，积极推进"告知承诺""一企一证"，大幅压缩取证时间。同时继续压减强制性产品认证，将部分风险等级低、市场秩序规范的产品调出强制性产品认证目录，简化强制性认证管理程序，减少认证证书数量。

（三）全面推进"证照分离"改革。目前，"办照容易办证难""准入不准营"问题是企业反映极为突出的痛点堵点。"证照分离"改革是解决这一问题的关键举措。这项改革最先在上海浦东新区试点，然后在其他 10 个自贸区复制推广，主要做法是对企业取得营业执照后开业经营还需要办理的各类行政许可事项，除涉及国家安全、公共安全、生态安全和公众健康等重大公共利益之外，能分离的许可类的"证"都分离出去，分别采取取消或改为备案、告知承诺、优化准入服务等方式分类管理。根据国务院决定，自 2018 年 11 月在全国有序推开"证照分离"改革，对所有涉及市场准入的行政许可事项，全部纳入"证照分离"改革，持续推进"照后减证"，使企业拿到营业执照后能尽快正常运营。同时，进一步推进企业开办和注销便利化改革。2019 年要在全国取消企业名称预核准，将企业银行账户开户由核准改为备案，推进实施企业开办全程网上办理，加快电子营业执照和电子印章跨区域跨领域跨行业应用，加大电子发票推广力度。通过这些措施，实现企业开办时间压缩至 8.5 个工作日以内，鼓励具备条件的地区进一步压缩至 5 个工作日以内。畅通企业退出机制，推行税务注销分类处理，简化社保、商务、海关等注销手续，符合条件的纳税人可直接向市场监管部门申请简易注销。预计改革后一般正常企业办理注销时间可节省三分之一以上。

（四）在全国推开工程建设项目审批制度改革。根据世界银行发布的营商环境报告，2018年我国"获得建筑许可"的便利度在190个国家中排在121位，仍然较为落后。工程建设项目审批效率不高，一个重要原因就是工程建设项目审批流程不规范、不科学、不统一，前置审批、串联审批事项太多，有的地区还存在审批事项互为前置的现象。实施工程建设项目审批制度改革前，各地审批时间差别很大，用时最短的地区100天以内，最长的要1400多天。2018年在部分地区开展工程建设项目审批制度改革试点，取得了较好效果，2019年要在全国推开这项改革，确保将全国工程建设项目审批时间压缩至120个工作日以内，试点地区要进一步减少审批事项和时间。这项改革覆盖从立项到竣工验收和公共设施接入服务全过程，覆盖行政许可等审批事项和技术审查、中介服务、市政公用服务以及备案等其他类型事项，2019年改革的重点是实现审批流程、信息数据平台、审批管理体系和监管方式"四个统一"。一方面，要推动审批事项再精简、审批流程再优化，能减则减、能合则合、能并联则并联、能上网办则上网办，使更多项目进入审批快车道。另一方面，要总结推广区域评估、联合审图、联合验收等有效做法，支持地方继续探索创新，切实提高审批效率。
要加大投资项目承诺制推广力度，实现政府定标准、
企业作承诺、过程强监管、失信有惩戒。

三、突出加强公正监管，维护公平竞争市场
秩序

公平竞争是市场经济的核心，公正监管是公平
竞争的保障。只有管得好，才能放得开，才能使市
场活而不乱、促进优胜劣汰。要落实放管结合、并
重的要求，厘清有关方面监管职责，增强市场主体
信用意识和自我约束，建立健全适合高质量发展要
求、全覆盖、保障安全的事中事后监管制度，创新
监管方式，规范监管行为，做到对违法者依法严惩、
对守法者无事不扰，真正管出公平、管出秩序、管
出活力。

（一）改革完善公平竞争审查和公正监管制度。
政简易从，规则越简约清晰透明，监管越公正有力
有效。国家层面重在制定统一的监管规则和标准，
地方政府特别是市县政府要把主要力量放在公正监
管上。全面落实公平竞争审查制度，加快清理妨碍
统一市场和公平竞争的各种规定和做法，保障不同
所有制企业在准入许可、经营运行、招投标等方面
的公平待遇，加快修订公平竞争审查相关法规，研

究制定公平竞争审查的第三方评估、适用例外规定、责任追究等配套规则，切实防止市场垄断、打破行政性垄断，维护好全国统一大市场和公平竞争市场秩序。

（二）推进"双随机、一公开"监管。"双随机、一公开"监管（即随机抽取检查对象、随机选派执法检查人员和检查结果公开的抽查监管机制）以小概率抽查，产生大范围威慑，时刻"利剑"高悬，使所有生产经营者不敢心存侥幸，已经被国内外实践证明是公正有效的监管方式。2019年要实现市场监管部门"双随机、一公开"全覆盖、常态化，推行跨部门联合监管，力争一次把该查的查全、查透，避免层层检查、重复执法。要严格控制检查事项抽查比例，科学实施抽查检查，尽量减少对企业正常生产经营活动的干扰。随机检查并不是不要重点监管。对于投诉举报等发现的问题线索，或无证经营、证照不齐、黑作坊等无法随机抽查的，要及时开展重点监管，但要严格限定实施范围，严格执行报批程序。对药品食品、特种设备等重点行业领域，必须实行全程重点监管，真查真管、严惩重处。同时，还要针对基层反映的监管责任问题，抓紧完善配套履职规范和问责办法，实行"尽职照单免责、失职照单问责"，消除一线执法人员后顾之忧。

（三）推行信用监管和"互联网＋监管"。市场经济是信用经济，信用监管是规范市场秩序的"金钥匙"。要进一步强化信用为基础的监管，推动按照不同信用等级，分类确定抽查比例，提高随机监管的科学性。加快推进涉企信息归集共享，推动相关部门建立完善各领域失信"黑名单"制度，实行守信联合激励和失信联合惩戒机制，把企业信用状况作为项目审批等的前置条件，对失信企业相关责任人实行任职限制或行业禁入，让市场主体"一处违法、处处受限"。建立健全信用修复、异议申诉等机制，进一步明确信用修复办法和流程。对违法违规行为则要依法严惩，研究建立巨额赔偿等制度，使严重违法者付出付不起的代价。互联网是提高监管效能的"利器"，要依托国家政务服务平台，加快建设"互联网＋监管"系统，充分运用云计算、大数据、物联网等现代信息技术，给监管装上"千里眼""顺风耳"，使违法违规行为无处藏身。同时，加强对监管者的监管，防止监管者不作为、乱作为。要加快整合共享抽查抽检、定点监测、违法失信、投诉举报等相关信息，加强风险预警、评估和分析，为强化公正有效监管提供有力支撑。

（四）进一步优化执法方式。深化综合行政执法改革，坚决治理多头检查、重复检查，优化生态环保、消防、税务、市场监管等执法方式，进一步清理规范行政处罚事项，明确法律依据和处罚标准，制定相关行政执法领域规范执法自由裁量权的办法，降低企业合规成本。全面推行行政执法公示制度、执法全过程记录制度、重大执法决定法制审核制度，促进严格规范公正文明执法，决不允许搞选择性执法、任性执法，决不允许刁难企业和群众。

四、继续优化政务服务，提升服务效率和便利度
政府部门做好服务是本分，服务不好是失职。要强化服务意识，创新政务服务方式，努力提高服务质量和效率。

（一）深入推进"互联网＋政务服务"。加快构建全国一体化网上政务服务体系，努力打造"不打烊"的数字政府，让企业和群众办事像"网购"一样便利。一要推进更多事项网上办理。2019年底前要实现省级政务服务事项网上可办率不低于90%，市县级政务服务事项网上可办率不低于70%。确需到现场办的要"一窗受理、限时办结""最多跑一次"。推进政务服务标准化，推动政务服务线上线下一套服务标准，实现省、市、县三级同一审批服务事项

无差别办理。二要加快建设全国一体化在线政务服务平台。以国家政务服务平台为枢纽，做好地方平台、部门专网、独立信息系统的整合接入工作，2019年底前，全国一体化政务服务平台要上线运行。加强企业信用信息、信用评估、个人征信等功能相近、关联性强的系统联通融合，逐步整合到统一平台，防止出现新的"信息孤岛""系统烟囱"。三要推进数据联通和开放共享。我国信息数据资源80%以上掌握在各级政府部门手里，要以更大力度推动政府数据开放，除涉及国家安全、商业机密和个人隐私外，都应让企业和群众方便地获取和运用，充分释放政府数据能量，创造更多价值。国务院各部门要主动与地方对接，优化数据共享流程，扩大数据共享范围，进一步健全部门间协调机制，着力解决共享不及时、不充分的问题。同时，要规范数据信息采集使用，建立健全信息数据保护机制，筑牢信息数据安全的"防火墙"。

（二）持续开展"减证便民"行动。一要继续深入清理各种证明。坚持"六个一律"原则，凡没有法律法规依据的一律取消，能通过个人现有证照证明的一律取消，能采取申请人书面承诺方式解决的一律取消，能被其他材料涵盖或替代的一律取消，能通过网络核验的一律取消，开具单位无法调查核实的证明一律取消。二要严格实行清单管理。对确需保留的证明事项，要列入清单并对外公布，逐项列明设定依据、索要单位、开具单位、办理指南等。要建立投诉举报机制，对清单之外擅自索要证明的，及时查处、严肃问责。三要不断扩大实行告知承诺制的证明事项范围。借鉴国际通行做法，由政府告知申请人办理事项需要满足的要求，申请人承诺符合条件、不需提供其他证明即可予以办理。同时，加强事后监管和随机抽查，一旦发现申请人承诺存在虚假，给予严厉处罚并纳入个人信用记录。

（三）提供便捷高效的公共服务。在公共服务领域大力运用信息化、数字化手段，构建公平、普惠、便捷、高效的公共服务体系。目前很多优质公共服务资源集中在大城市，要通过发展"互联网＋教育""互联网＋医疗""互联网＋养老"等，使基层群众便捷地获得更高质量的公共服务。要推动供水、供电、供气、供暖，以及医院、银行等公共服务机构，广泛应用先进信息技术手段，创新优化服务流程，大力推行网上申请和办理、APP办事、移动支付等，让群众动动手指就能获得便捷服务。进一步压缩不动产登记、水电气报装等时间，解决相关服务耗时长、办理难、费用高等问题。

（四）建立政务服务"好差评"制度。这是政务服务评价机制的重大改革。服务好不好，不能是政府部门自拉自唱、自我评价，而是要以群众和企业满意不满意、认可不认可作为衡量标准，让企业和群众来评判，以此倒逼提高政务服务质量和效率。

五、完善机制，协同推进优化营商环境

着眼于推动建设市场化、法治化、国际化的一流营商环境，聚焦短板和不足，不断完善工作机制和评价体系。

（一）对标国际先进，加快补短板强弱项。对标世界银行公布的营商环境报告，我国不仅从总体上看还有较大提升空间，从单项看也存在不少短板和弱项。比如"纳税"指标，排在第 114 位，总税率和社会缴纳费率（占利润百分比）达 64.9%，都高于印度（52.1%）、俄罗斯（46.3%）和 OECD 国家平均水平（39.8%）。再比如"跨境贸易"指标，虽有较大提升（从 97 位上升至 65 位），但分项指标"出口单证合规时间（8.6 小时）""进口单证合规时间（24 小时）""出口单证合规费用（73.6 美元）""进口单证合规费用（122.3 美元）"等，分别高出 OECD 国家平均水平数倍。还有的指标不升

反降，比如"获得信贷"指标，排在第 73 位，相比去年还下降了 5 个位次，远落后于印度（22 位）和俄罗斯（22 位）。针对这些短板和薄弱环节，下一步工作中要坚持问题导向、目标引领，多推"啃硬骨头"的改革举措，多在破除体制机制障碍上"攻坚拔寨"，精准补短板，聚力强弱项，经过不懈努力，推动我国营商环境有更大幅度的提升，在全球的排名进入前列位置。

（二）改进政策制定，推动政策落实。要加强政策制定调查研究和科学论证，提高政策质量，增强政策稳定性。对企业高度关注的行业规定或限制性措施调整要设置合理过渡期，防止脱离实际、层层加码。科学审慎研判拟出台政策的预期效果和市场反应，统筹把握好政策出台时机和力度，防止政策效应叠加共振或相互抵消，避免给市场造成大的波动。建立健全企业家参与涉企政策制定机制，制定出台重大经济政策应征求企业和行业协会商会意见。对已出台的政策措施及时跟进解读，准确传递权威信息和政策意图，及时回应社会关切，合理引导预期，并向企业精准推送各类优惠政策信息，提高政策可及性。加强对政策落实的督促检查，各地方要认真分析政策落实中存在的突出问题，找准"堵点"，探索推出更多切实管用、有利于优化营商环境的改革举措。

（三）鼓励支持各地探索创新。我国改革开放的一条重要经验，就是发挥基层和群众的首创精神。近几年深化"放管服"改革、优化营商环境的很多举措也是从地方先做起来，取得经验后再逐步推开。像商事制度改革、"证照分离"改革、"双随机一公开"监管、"一网一门一次"（即推动企业和群众办事线上"一网通办"、线下"只进一扇门"、现场办理"最多跑一次"）改革等，都是最先由基层探索开展的。当前，优化营商环境还有许多难题亟待破解，需要在改革实践中寻求答案。为此，要鼓励地方勇于改革探索，争当优化营商环境的"先行者"。对一些地方和行业探索成熟的改革经验，要积极推广，推动形成比学赶超、竞相发展的生动局面。要建立完善支持优化营商环境的激励机制和容错机制。对勇于改革、真抓实干，优化营商环境成效明显的地方和干部，要给予表彰奖励。同时要宽容失误，地方和基层的改革探索，只要符合改革大方向和地方实际，有利于优化营商环境，就不能求全责备。

（四）不断完善营商环境评价体系。加快形成中国特色营商环境评价机制，加强示范引领、激励先进、鞭策后进，最大限度激发市场活力和社会创造力，增强地区竞争力。评价体系和机制既要与世行衔接、国际可比，又要立足国情、反映实际、简明适用。我国地域幅员辽阔，地区所处区位条件、资源禀赋有较大不同，东部地区和西部地区差异很大，即使是西部地区，中心城市和偏远山区也大不一样，这些客观因素对营商环境都有很大影响。因此，营商环境评价要结合所处区域、发展基础、提升速度等综合因素，不断完善指标体系和评价方法，使评价过程和结果经得起实践检验、得到社会认可。